Inhalt

Messeveranstalter - Messestandort Deutschland profitiert von Eurokrise

Kernthesen

Beitrag

Fallbeispiele

Zahlen und Fakten

Weiterführende Literatur

Impressum

GENIOS BranchenWissen Nr. 03 vom 22.03.2013

Messeveranstalter - Messestandort Deutschland profitiert von Eurokrise

Anja Schneider

Kernthesen

- Die deutschen Messeveranstalter sind mit dem Geschäftsverlauf 2012 zufrieden und vorsichtig optimistisch für 2013.
- Ausstellende Unternehmen wollen ihre Ausgaben für Messebeteiligungen 2013/14 erhöhen.
- Regionale Messen liefern sich einen harten Standortwettbewerb.
- Künftiges Wachstum generieren die Messeveranstalter vor allem im internationalen Geschäft.

- Der Messestandort Deutschland profitiert von der Eurokrise durch Messebeteiligung vor allem aus Südeuropa.

Beitrag

Deutsche Messeveranstalter sind mit 2012 zufrieden &

Der für das Jahr 2012 gezeigte Optimismus der deutschen Messewirtschaft war berechtigt - es wurde ein gutes Messejahr und 2013 soll es genauso weitergehen! 2012 haben die Nürnberger und die Frankfurter Messe sehr gute Umsätze erzielt, 2013 erwarten die Hannover Messe und die Münchner Messe Rekordumsätze. Bei den 161 überregionalen Messen präsentierten sich rund 180 000 Aussteller und damit 1,5 Prozent mehr als im Vorjahr. Mit gut zehn Millionen Besuchern kamen zwar etwas weniger als im Jahr zuvor (minus ein Prozent), doch dafür macht der Branchenverband AUMA fast ausschließlich die schlecht gelaufene Druckmaschinenmesse Drupa in Düsseldorf verantwortlich, die unter der Strukturkrise der Druckindustrie leidet. Die Beteiligungen aus dem Ausland sind überdurchschnittlich gewachsen (plus

2,5 Prozent). Die Standfläche der überregionalen Messen wurde ausgeweitet auf über sieben Millionen Quadratmeter (plus 1,5 Prozent). (1)

& und vorsichtig optimistisch für 2013

Im laufenden Jahr 2013 soll es positiv weitergehen, auch wenn sich die Messeexperten darüber im Klaren sind, dass es mit dem Wirtschaftswachstum in vielen Ländern und wichtigen Industriebranchen wie Elektro, Stahl, Chemie keineswegs zum Besten steht. Doch das Messegeschäft hat immer viele Monate Vorlauf und so lehnen sich die Branchenexperten nicht zu weit aus dem Fenster, wenn sie sich weiterhin optimistisch zeigen. Zumindest die erste Jahreshälfte ist in trockenen Tüchern. Volle Hallen werden für die Hannover Messe im April, die IFFA Fleischwirtschaftsmesse in Frankfurt im Mai und sogar schon die Interpack in Düsseldorf 2014 gemeldet. Die Branche rechnet in diesem Jahr bei den 140 deutschen Messen mit überregionaler und internationaler Bedeutung mit leicht steigenden Ausstellerzahlen und stabilen Besucherzahlen. Nach Prognosen des AUMA werden sich an den Messen gut 165 000 Aussteller beteiligen, ein Plus von rund einem Prozent; erwartet werden wieder rund zehn Millionen Gäste. Vor allem aus Asien und

Südamerika wird mit mehr Teilnehmern gerechnet. Umsatz und Beschäftigte in der deutschen Messewirtschaft sollen sich in diesem Jahr voraussichtlich leicht erhöhen. (2), (3)

Unternehmen erhöhen Messeausgaben

Da auch die Budgetplanungen der ausstellenden Unternehmen höhere Ausgaben für Messebeteiligungen aufweisen, steht die Konjunkturampel der deutschen Messewirtschaft in der Tat noch auf grün. Der Auma-Messetrend 2013 des Instituts der Deutschen Messewirtschaft, eine repräsentative Befragung unter deutschen Ausstellern, bestätigt die weiterhin starke Bedeutung von Messen für Unternehmen. Messebeteiligungen liegen bei den Kommunikationsinstrumenten gleich an zweiter Position hinter der eigenen Website. 83 Prozent der ausstellenden Unternehmen betrachten ihre Messebeteiligungen als wichtig oder sehr wichtig. Das ist etwa genauso viel wie vor fünf Jahren. Das durchschnittliche Messebudget pro Unternehmen umfasst für die Jahre 2013 und 2014 insgesamt 365 400 Euro und liegt damit rund zwei Prozent höher als zuvor. Jedes vierte Unternehmen will seine Ausgaben für Messeauftritte erhöhen. Investiert wird in mehr Standfläche, bessere

Kommunikation (z.B. Tablet-PCs, USB-Sticks, digitale Applikationen) und besseren Service. Das geht zu Lasten von Zeitschriftenanzeigen und Prospekten. Der durchschnittliche Anteil für Messen am Marketing-Kommunikationsbudget 2013/14 liegt bei 44 Prozent; differenziert betrachtet liegt der Anteil bei größeren Firmen mit über 50 Millionen Euro Umsatz bei 38 Prozent, bei kleineren Firmen mit weniger als 50 Millionen Euro Umsatz sogar bei 45 Prozent, bei Ausstellern aus dem Investitionsgüterbereich bei 48 Prozent und bei Ausstellern aus dem Konsumgüterbereich bei 40 Prozent. (1), (4), (5)

Regionale Messen liefern sich harten Standortwettbewerb

Die überregionalen Messen in deutschen Hallen werden ergänzt durch rund 150 regionale Messen, auf denen sich jährlich etwa 50 000 Aussteller sowie fünf bis sechs Millionen Besucher treffen. Dass Messen ein wichtiges Geschäft sind, führen die immer wieder stattfindenden Kämpfe vor Augen, wer welche Messe wo ausrichtet, wer sich als neuer Messestandort durchsetzen kann und wer eine Messe an Wettbewerber verliert. Im Clinch liegen dabei Messegesellschaften, Hallenvermieter, Branchenverbände, Lokalpolitiker und Städte. Es geht um Steuergelder, Umsatz in Hotellerie, Gastronomie und Transportwesen. Aktuell streiten beispielsweise die Messeveranstalter von Hamburg und Husum erbittert darüber, wer die Windenergiemesse ausrichten darf. Andere Gefechte lieferten sich Köln und Leipzig um die Videospielmesse (Games Convention Leipzig versus Gamescom Köln, 2008), Nürnberg und Stuttgart um die Fachmesse für Klimaanlagen und Kältemaschinen (IKK bzw. jetzt Chillventa, unter neuem Namen am alten Standort Nürnberg), Essen verlor die Aluminiummesse an Düsseldorf, die Fitnessmesse Fibo zog um nach Köln. (6)

Im internationalen Messegeschäft bündelt die deutsche Messebranche ihre Kräfte

Das internationale Messegeschäft gewinnt weiter an Bedeutung. Glücklicherweise legen die großen deutschen Messegesellschaften hier mehr Friedfertigkeit und Kooperationsgebaren an den Tag. So stemmen Düsseldorf, München und Hannover gemeinsam den Bau des Shanghai New International Expo Centre, des größten Messegeländes in China, und bewerben sich zusammen für den Betrieb eines in der indischen Hauptstadt Neu-Delhi geplanten Messegeländes. Nürnberg und München engagieren sich im Schulterschluss in Brasilien und Frankfurt, Stuttgart und Hannover haben unlängst ihre Messen Heimtextil, R + T und Domotex zusammengelegt, um eine gemeinsame Variante für einen Auftritt in Moskau anbieten zu können, die Messegesellschaften aus Hannover und Mailand kooperieren in Asien. (6), (7)

Ausländische Messen nutzt die deutsche Wirtschaft immer häufiger für ihr Exportmarketing. Das Auslandsmesseprogramm des Bundeswirtschaftsministeriums wird in Anspruch genommen. Die großen deutschen Messegesellschaften organisieren Messen im Ausland. Gezielt arbeiten sie daran, geeignete Messen zu globalisieren (z.B. Werkstatttechnik) und international neue Themen zu besetzen (z.B. Sicherheit, Energie). Sie planen in diesem Jahr so viele Auslandsmessen wie noch nie: 275 Auslandsmessen in 37 Ländern vor allem in Süd-, Ost- und Zentralasien, auch in Lateinamerika, teils allein, teils mit Partnern vor Ort. (1), (3), (4)

Im Blick haben die deutschen und europäischen Veranstalter vor allem Asien. In China wachsen die Ausstellungsflächen, es gibt rund 800 einheimische Messeveranstalter. Nicht ohne Grund hat der Messeweltverband Ufi seit kurzem seinen ersten chinesischen Präsidenten. Auch die Messewirtschaft in Indonesien, Thailand und Singapur entwickelt sich rasant. Die Messemacher verfolgen auch das Geschehen in Mexiko, in der Türkei, in Südafrika; außen auf dem Radar sind noch Indien, Brasilien und Russland. Treten die erhofften Wachstumsimpulse vom nordamerikanischen Markt ein, wirds laut Ufi international ein gutes Messejahr 2013. (3), (8), (9)

Messestandort Deutschland profitiert von Eurokrise

In Europa ist Deutschland der größte einzelne Messemarkt, gilt sogar international als Messeplatz Nummer eins mit charakteristischen Weltleitmessen wie beispielsweise der IAA für die Automobilbranche oder der Cebit für die Computerbranche. Von den global führenden Messen der einzelnen Branchen finden zwei Drittel in Deutschland statt. [Abb. 1] (10)

Europa ist der größte Messeplatz der Welt, größer als China und USA zusammengenommen. 48 Prozent der gesamten Ausstellungsfläche für Messen auf der Welt entfallen auf europäische Messeplätze. Allerdings hat Europa nach Einschätzung von Branchenexperten mit jährlich rund 1,2 Millionen Ausstellern und 135 Millionen Besuchern seine Wachstumsgrenze erreicht. Portugal, Spanien, Italien, Griechenland und auch Großbritannien haben als

Messestandorte an Bedeutung verloren (Großbritannien fokussiert sich daher schon auf China), ihre Messeveranstalter haben eine harte Zeit. Unternehmen aus den Krisenländern Südeuropas, aus Russland und der Türkei, die ausstellen wollen, gehen auf die internationalen Leitmessen in Deutschland. Daher spricht die deutsche Messewirtschaft davon, von der Eurokrise im Grunde sogar zu profitieren. Einen ähnlichen Effekt haben die schweizerischen und französischen Messeveranstalter. (3), (7), (9)

Trends

Neue Medien in der Messewelt

Messeveranstalter, Aussteller und Kunden nutzen die neuen Medien bereits intensiv. Die Kommunikation via Twitter, Facebook, YouTube und Blogs und generell der Einsatz digitaler Anwendungen schreitet in der Messewelt voran. [Abb. 2] (1)

Mobile Nutzung von Online-Services auf Messen nimmt zu

Ihr Smartphone und Tablet haben die meisten Messebesucher heute selbstverständlich dabei. Die Messeveranstalter haben sich darauf eingestellt und bieten mobile Messeangebote. Die Messe Frankfurt bietet beispielsweise kostenloses WLAN vor Ort, mobile Apps für die Ausstellersuche, Geländepläne, Infos zu Ausstellern, Neuheiten, Events, Specials oder Buddyfinder. Online-Angebote wurden für die Nutzung auf mobilen Endgeräten optimiert, so beispielsweise die Newsletter, die Websites, Blogs, eigene Special Interest Foren und Business Matching Portale. (11)

Moderne Themen

Neue politische Schwerpunktthemen wie erneuerbare Energien oder Elektromobilität werden von den Messeveranstaltern aufgegriffen und erzeugen eine Sogwirkung an den Messeplätzen. (3)

Fallbeispiele

Messe Frankfurt ist größter deutscher Messeveranstalter

Die Messe Frankfurt, ist mit 538 Millionen Euro Umsatz und weltweit 1 891 Mitarbeitern die mit Abstand größte deutsche Messegesellschaft und eine der drei größten Messegesellschaften der Welt. Sie hat 28 Tochtergesellschaften, rund 50 internationale Vertriebspartner und ist in mehr als 150 Ländern präsent. Im Jahr 2012 organisierte die Messe Frankfurt 109 Messen, davon mehr als die Hälfte im Ausland. Das Unternehmen befindet sich in öffentlicher Hand, Anteilseigner sind die Stadt Frankfurt mit 60 Prozent und das Land Hessen mit 40 Prozent. Der Umsatz der Messe Frankfurt im Ausland stieg 2012 um 28 Prozent auf 169 Millionen Euro. Das Auslandsgeschäft, vor allem in Asien, trägt damit zu 31 (Vorjahr 28) Prozent zum Gesamtumsatz der Gesellschaft bei. (1), (11)

Messe München freut sich auf ein gutes Jahr

Die Messe München erwartet 2013 eine erneute Umsatzsteigerung: rund 300 Millionen Euro sollen es werden, nach knapp 215 Euro im vergangenen Jahr. 2013 fallen sämtliche wichtige Veranstaltungen der Messe München turnusbedingt zusammen, darunter acht Leitmessen. Dazu kommen besucherstarke Gastveranstaltungen wie die Internationale Handwerksmesse. (3)

Leipziger Messe in Indien

Die Leipziger Messegesellschaft organisierte Anfang Februar in indischen Hyderabad die begleitende Ausstellung zum 14. Weltkongress der Ispo, einer weltweit agierenden interdisziplinären Organisation auf dem Gebiet der Prothesen- und Orthesenversorgung. Insgesamt machte die Leipziger Messe GmbH 2012 einen Umsatz von etwa 70 Millionen Euro. (3)

Hannover-Messe gegen Fachkräftemangel

Die Hannover-Messe (Deutsche Messe AG) will in diesem Jahr angesichts des Fachkräftemangels in den Ingenieurberufen die Industrie beim Recruiting von Fachpersonal unterstützen. Helfen sollen beispielsweise die Nachwuchsinitiative Tectoyou, das Förderangebot Job of my life der Bundesagentur für Arbeit, der Job & Career Market und der Womenpower 2013-Kongress. (13)

Mit Emeca voneinander lernen

Einen einheitlichen europäischen Messemarkt gibt es

nicht, ein gewisses Zusammenwachsen ist dennoch zu beobachten. So haben sich 19 europäische Messegesellschaft in der Emeca zusammengeschlossen, um ihre Erfahrungen auszutauschen. Beim digitalen Messeauftritt, der Nutzung von Social Media, bei der Mittelstandsförderung, Jugend- und Nachwuchsarbeit wollen Spanier, Deutsche, Italiener und andere voneinander lernen. Um gegenüber der Politik mit einer, gewichtigeren Stimme zu sprechen, gibt es seit kurzem in Brüssel die European Exhibition Industrie Alliance, die die europäische Messewirtschaft gegenüber den Gremien der Europäischen Union vertritt. (7)

Messe folgt Markt

Der Standort Deutschlands als globaler Messeplatz Nummer eins mit renommierten Weltleitmessen muss umdenken. Messeveranstaltungen in China, Indien und Lateinamerika erheben zunehmend ebenfalls Anspruch auf Leitmessencharakter. Es wird also in absehbarer Zeit kontinentale Leitmessen mit weitgehend identischer Ausstellerstruktur geben. Ein Beispiel: Die Textilmesse Interstoff folgte der Verlagerung der Textilproduktion aus Europa nach Asien. Die Messe Frankfurt GmbH organisiert auch heute noch diese internationale Leitmesse - aber nicht mehr in Frankfurt, sondern in China. (10)

Übernahmen

Übernahmen gibt es auch im Messegeschäft. Es ist leichter, etablierte Veranstaltungen zu übernehmen als neue, eigene Messethemen zu entwickeln. Ein Beispiel: Die Deutsche Messe, Hannover, übernahm im Juli 2012 die Mehrheit an dem 1998 gegründeten privaten Mannheimer Messeveranstalter Spring, der etwa 50 Mitarbeiter beschäftigt und in elf europäischen Städten Fachmessen (Personal!) veranstaltet. Sie übernahm auch die Fachmesse Parts2clean von dem privaten Messeveranstalter Fairxperts, Neuffen, um ihre Branchenkompetenz im Bereich Oberflächentechnologie zu stärken. (9)

Publikumsmessen

Neben Fachmessen finden in Deutschlands Messehallen auch viele Publikumsmessen statt. Eine Studie hat untersucht, welche Erfolgsfaktoren für sie bestimmend sind. Zusammengefasst sind das Special-Interest-Messen für bestimmte Zielgruppen, das Einbeziehen erfolgreicher Online-Händler in das Ausstellerportfolio, die gezielte Ansprache jüngerer Besucher und das Schaffen einer

Wohlfühlatmosphäre. (12)

Zahlen & Fakten

Abbildung 1: Die Top zehn Messen in Deutschland

Rang	Messe	Veranstaltungsort	Anzahl
1	Internationale Automobil-Ausstellung (IAA)	Frankfurt	1.233.100
2	IAA Personenkraftwagen	Frankfurt	1.000.000
3	CeBIT	Hannover	849.252
4	bauma	München	501.523
5	Internationale Grüne Woche	Berlin	494.574
6	Mannheimer Maimarkt	Mannheim	421.107
7	Agritechnica	Hannover	419.212
8	Drupa	Düsseldorf	394.478
9	Internationale Funkausstellung	Berlin	369.211
10	Boot	Düsseldorf	354.365

Quelle: Wikipedia

Entnommen aus: Kontakter, 28/2012, S. 8 (14)

Abbildung 2: Digitale Anwendungen auf Messen und Events im Vormarsch

Aussage	Einstellung 2012 * in Prozent
Intelligente Apps für Smartphones und Tablets sind ein unverzichtbarer Bestandteil von Messen und Events	72
Online-Kommunikation verlagert sich in den realen Raum und findet live über Screened Interaction statt	53
Augmented Reality sorgt für eine Verschmelzung von realer und virtueller Produktinszenierung	47
Physische Events und Messen werden um virtuelle Zwillinge im Cyberspace ergänzt	40
Spiele-Mechanismen wie Votings und Wettbewerbe spielen eine zentrale Rolle bei der Aktivierung der Besucher	31

* Basis: 205 Online-Befragungen bei Marketingentscheidern.

Quelle: 205 Online-Befragungen bei Marketingentscheidern

Entnommen aus: Werben und Verkaufen, 44/2012, S.

38 (15)

Weiterführende Literatur

(1) Profitieren von der Eurokrise
aus DIE WELT, 04.12.2012, Nr. 284, S. 12

(2) Messewirtschaft erwartet für 2013 leichtes Wachstum
aus dapd nachrichtenagentur vom 07.01.2013, 10.31 Uhr

(3) Schaufenster, neu dekoriert
aus Süddeutsche Zeitung, 19.02.2013, Ausgabe München, Bayern, Deutschland, S. 21

(4) Die deutschen Messen profitieren von der Krise
aus Frankfurter Allgemeine Zeitung, 30.11.2012, Nr. 280, S. 14

(5) AUMA MesseTrend 2013 veröffentlicht
aus Frankfurter Allgemeine Zeitung, 30.11.2012, Nr. 280, S. 14

(6) Küstenbeben Messen. Hamburg oder Husum - wer darf künftig die Windenergieschau ausrichten? Über diese Frage entscheidet nicht der bessere Standort, sondern die Politik

aus Capital Nr. 2

(7) Europas Messen sprechen künftig mit einer Stimme
aus Frankfurter Allgemeine Zeitung, 25.01.2013, Nr. 21, S. 16

(8) Special feature Asia
aus m+a report 08 vom 10.12.2012 Seite 030

(9) Deutsche Messewirtschaft sammelt Pluspunkte - Top marks for the German trade fair industry
aus m+a report 07 vom 29.10.2012 Seite 010 bis 016

(10) Frankfurt verabschiedet sich von der Weltleitmesse
aus Frankfurter Allgemeine Zeitung, 11.02.2013, Nr. 35, S. 21

(11) Mobile Nutzung von Online-Services auf Messen nimmt zu
aus news aktuell, 2013-03-14

(12) Weg vom verstaubten Image
aus Süddeutsche Zeitung, 18.12.2012, Ausgabe München, Bayern, Deutschland, S. 21

(13) Hannover-Messe 2013 Das Ausland ist Lichtblick für den Engpass bei deutschen Ingenieuren
aus www.maschinenmarkt.de vom 14.03.2013

(14) D: Top 10 Messen
aus Kontakter, 28/2012, S. 8

(15) D: Einsatz digitaler Anwendungen auf Messen und Events 2012
aus Werben und Verkaufen, 44/2012, S. 38

Impressum

Messeveranstalter - Messestandort Deutschland profitiert von Eurokrise

Bibliografische Information der deutschen Nationalbibliothek

Die Deutsche Nationalbibliothek verzeichnet diese Publikation in der deutschen Nationalbibliografie; detaillierte bibliografische Daten sind im Internet über http://dnb.d-nb.de abrufbar.

ISBN: 978-3-7379-2570-9

© 2015 GBI-Genios Deutsche Wirtschaftsdatenbank GmbH, Freischützstraße 96, 81927 München, www.genios.de

Alle Rechte vorbehalten. Dieses Werk ist einschließlich aller seiner Teile – z.B. Texte, Tabellen und Grafiken - urheberrechtlich geschützt. Jede Verwertung außerhalb der Grenzen des Urheberrechtsgesetzes bedarf der vorherigen Zustimmung des Verlags. Dies gilt insbesondere auch für auszugsweise Nachdrucke, fotomechanische

Vervielfältigungen (Fotokopie/Mikroskopie), Übersetzungen, Auswertungen durch Datenbanken oder ähnliche Einrichtungen und die Einspeicherung und Verarbeitung in elektronischen Systemen.